Das Ultimative *Känguru* Buch für Kids

100+ Känguru Fakten, Fotos, Quiz und Wortsucherätsel

Jenny Kellett

BELLANOVA
MELBOURNE · SOFIA · BERLIN

Copyright © 2022 by Jenny Kellett
Kängurus: Das Ultimative Kängurubuch für Kids
www.bellanovabooks.com

Alle Rechte vorbehalten. Kein Teil dieses Buches darf ohne schriftliche Genehmigung des Autors in irgendeiner Form elektronisch oder mechanisch vervielfältigt werden, auch nicht durch Fotokopieren, Aufzeichnen oder Speichern und Abrufen von Informationen.

PAPERBACK
ISBN: 978-619-7695-79-3
Imprint: Bellanova Books

INHALT

Einleitung 6
Kängurus: Die Grundlagen 8
Rotes Riesenkänguru 18
Antilopenkänguru 22
Westliche Graue Riesenkänguru 26
Östliche Graue Riesenkänguru 30
Biologie und Essgewohnheiten 34
Aufzucht und junge Kängurus 55
Wallabys 66
Baumkängurus 68
Kängurus und wir 70
Känguru-Quiz 76
    Antworten 81
Wortsuche Rätsel 82
Quellen 85

EINLEITUNG

Es ist schwer, sich nicht in das liebenswerte Känguru zu verlieben. Wie ein Großteil der australischen Tierwelt sind auch Kängurus einzigartig. Ihre Jungen leben in Beuteln, sie hüpfen, um sich fortzubewegen, und sie können ihre ungeborenen Babys (Embryos) "einfrieren". Verrückt, nicht wahr?

Wir werden über diese Fakten und vieles mehr erfahren. Und vergiss nicht, dein neues Wissen am Ende in unserem Känguru-Quiz zu testen.

Bist du bereit? *Los geht's!*

DIE GRUNDLAGEN

Was sind Kängurus und wo leben sie?

Kängurus gehören zur Gruppe der Beuteltiere, die zur Familie der 'Macropodidae' zählen.
Das Wort Macropodidae stammt aus dem Griechischen und bedeutet "großer Fuß".

. . .

Du erkennst ein Beuteltier daran, dass es seine Jungen in einem Beutel trägt. Andere Beuteltiere sind Koalas, Wombats und der Tasmanische Teufel.

Östliche Graue Riesenkängurus.

Ein Rotes Riesenkänguru, das seine Muskeln spielen lässt.

Das Känguru ist das größte aller Beuteltiere.

• • •

Kängurus sind **Säugetiere**, das heißt, sie bringen lebende Junge zur Welt - allerdings auf eine ganz andere Weise als andere Säugetiere.

• • •

Kängurus sind in Australien und Neuguinea beheimatet, was bedeutet, dass sie nirgendwo sonst auf der Welt in freier Wildbahn zu finden sind.

Es ist schwer, eine genaue Zahl der Kängurus zu ermitteln. Man schätzt aber, dass über 34 Millionen Kängurus in Australien leben - das übersteigt die Zahl der Menschen auf diesem Kontinent!

...

Kängurus leben in Gruppen, die "Mobs", Rudel oder Gruppenverband genannt werden.

...

Normalerweise gibt es etwa zehn Weibchen und ein oder zwei Männchen in einem Rudel, dazu kommen noch die Jungen. Die Mitglieder eines Mobs sind sehr fürsorglich zueinander. Sie pflegen sich gegenseitig und schützen sich vor Gefahren.

Ein Östliches Graues Riesenkänguru.

Kängurus sind sehr gesellige Tiere, deshalb trifft man sie selten allein an. Ihre Gruppen können bis zu 100 Kängurus umfassen.

• • •

Kängurus entfernen sich nicht gerne zu weit von ihrem Zuhause. Ihr Revier ist somit verhältnismäßig klein. Wenn allerdings nicht genug Futter vorhanden ist, wandern sie weiter.

• • •

Es gibt vier Hauptarten von Kängurus: **das Rote Riesenkänguru, das Östliche Graue Riesenkänguru, das Westliche Graue Riesenkänguru** und **das Antilopenkänguru**. Schauen wir sie uns also genauer an.

ROTES RIESENKÄNGURU

Osphranter rufus

Das Rote Riesenkänguru ist die größte Känguruart und das größte Beuteltier der Welt.

Kängurus dieser Art sind sehr kräftig und muskulös, und man kann sie oft dabei beobachten, wie sie sich gegenseitig boxen. In freier Wildbahn solltest du dich ihnen besser nicht nähern, denn sie sind dafür bekannt, dass sie auch versuchen, Menschen zu boxen!

Rote Riesenkängurus können ziemlich groß werden. Ein männliches Känguru kann zum Beispiel bis zu 2 m groß und 90 kg schwer werden.

Ausbreitung des Roten Riesenkängurus.
Quelle: Natural Earth and Myself

Sie leben meist in den heißen Wüsten- und Trockengebieten Zentralaustraliens. Sie fressen gerne Sträucher und gelegentlich auch Insekten.

Die Männchen haben ein rötlich-braunes Fell, während Weibchen ein blaugraues Fell besitzen. Sie besitzen große, spitze Ohren und eine quadratische Nase.

Weibliche Rote Riesenkängurus sind leichter und schneller als die Männchen. Deshalb und wegen ihres blau gefärbten Fells werden sie oft "Blaue Flieger" genannt.

Ein einzigartiges Merkmal des Roten Riesenkängurus ist, dass die Weibchen bekannt dafür sind, Jungen eines anderen Weibchens zu adoptieren.

Rote Riesenkängurus leben normalerweise in kleineren Gruppen als andere Kängurus. Zum Beispiel sind 2-4 Mitglieder in einem Mob normal.

ANTILOPEN KÄNGURU

Osphranter rufus

Antilopenkängurus leben in den Hügeln des tropischen Nordens Australiens. Sie sind nur etwas kleiner und weniger muskulös als Rote Riesenkängurus und unglaublich schnell.

Es ist leicht, die männlichen und weiblichen Antilopenkängurus zu unterscheiden.

Männchen haben ein rötlich gefärbtes Fell, während die Weibchen braun und grau sind. Außerdem sind männliche Antilopenkängurus viel größer als die Weibchen.

Verbreitung des Antilopenkängurus.
Quelle: Natural Earth and Myself

Antilopenkängurus sind Weidegänger, das heißt, sie verbringen einen Großteil ihrer Zeit mit dem Fressen. Wie alle Kängurus sind sie Pflanzenfresser.

Da sie in einem heißen Klima leben, findet man oft Gruppen von ihnen, die sich um ein Wasserloch versammeln, um sich abzukühlen und Wasser zu trinken.

Sie haben verschiedene Laute, um miteinander zu kommunizieren. Ein Zischen dient zum Beispiel als Alarm, während die Mutter durch ein leises Gackern mit ihren Jungen kommuniziert.

Antilopenkängurus können zu jeder Zeit des Jahres Babys zur Welt bringen. Sie ziehen es jedoch vor, Junge vor dem Beginn der Regenzeit zu bekommen.

In der Wildnis gibt es keinen Mangel an Antilopenkängurus! Sie werden von der IUCN (Internationale Union zur Bewahrung der Natur) nicht als bedroht eingestuft und man kann sie in ihrem Gebiet leicht entdecken.

WESTLICHES GRAUES RIESENKÄNGURU

Macropus fuliginosus

Westliche Graue Riesenkängurus findet man vor allem im Süden Australiens und auf Kangaroo Island.

Sie leben in allen möglichen Lebensräumen, darunter in bewaldeten Gebieten, an der Küste und sogar in Städten. Im Süden Australiens sind die Temperaturen viel milder als im tropischen Norden, wo die Antilopenkängurus leben.

In den Städten Adelaide und Perth ist es ganz normal, Kängurus zu sehen.

Verbreitung des Westlichen Grauen Riesenkängurus.
Quelle: Natural Earth and Myself

Westliche Graue Riesenkängurus haben ein braunes Fell und eine hellere Brustfarbe. Sie sind zudem kleiner als Rote Riesenkängurus.

Männliche Westliche Graue Riesenkängurus können bis zu doppelt so groß werden wie weibliche Tiere.

Es kann ziemlich schwer sein, ein Westliches von einem Östlichen Grauen Riesenkänguru zu unterscheiden. Westliche Graue Riesenkängurus sind jedoch in der Regel etwas dunkler und haben manchmal einen schwärzlichen Fleck um die Ellbogen.

Obwohl die australischen Ureinwohner schon seit Tausenden von Jahren mit den Westlichen Grauen Riesenkängurus leben, entdeckten die Europäer sie erst 1802, als der Entdecker Matthew Flinders auf Kangaroo Island südlich von Adelaide landete.

ÖSTLICHES GRAUES RIESENKÄNGURU

Macropus giganteus

Östliche Graue Riesenkängurus werden manchmal auch Försterkängurus genannt.

Das Östliche Graue Riesenkänguru wird am häufigsten in freier Wildbahn gesichtet, denn es lebt entlang der gesamten Ostküste Australiens, wo sich der Großteil der menschlichen Bevölkerung befindet.

Es ist die einzige Känguruart, die im Inselstaat Tasmanien lebt.
Sie sehen dem Westlichen Grauen

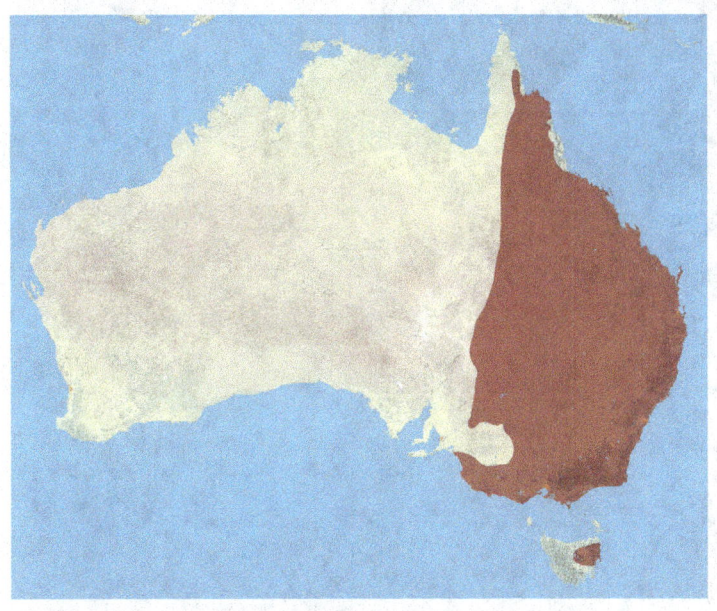

Verbreitung des Östlichen Grauen Riesenkängurus.
Quelle: Natural Earth and Myself

Riesenkänguru sehr ähnlich, haben aber ein helleres Gesicht und eine schwarze Schwanzspitze.

Obwohl sie nicht so groß sind wie Rote Riesenkängurus, können sie dennoch bis zu 66 kg wiegen und fast 2 m groß werden.

Weibliche Östliche Graue Riesenkängurus sind normalerweise viel kleiner als die Männchen.

Anders als Rote Riesenkängurus leben Östliche Graue Riesenkängurus gerne in Gebieten, in denen es viel regnet.

Bevorzugte Lebensräume dieser Tiere sind Gebiete mit vielen Bäumen oder grasbewachsene Gebiete.

Es gibt zwei Unterarten der Östlichen Grauen Riesenkängurus, von denen eine nur auf dem Inselstaat Tasmanien vorkommt.

Ihre Biologie und Essgewohnheiten

Schauen wir uns die Biologie, die Lebensweise und die Ernährung der Kängurus an.

Kängurus haben kräftige Hinterbeine und kurze Arme. Ihre Hinterbeine helfen ihnen, so hoch zu springen.

• • •

Ihre zweite und dritte Kralle an den Hinterbeinen sind miteinander verbunden, was eine einzigartige Reinigungskralle ergibt. Koalas haben diese auch.

Ihre Vorderpfoten sind sehr beweglich, was bedeutet, dass sie sie zum Greifen und Festhalten von Dingen, einschließlich Futter, verwenden können.

• • •

Kängurus sind die einzigen großen Tiere auf der Welt, die sich durch Hüpfen fortbewegen.

• • •

Ein durchschnittliches Rotes Riesenkänguru hüpft mit einer Geschwindigkeit von 20-25 km/h. Wenn nötig, kann es über kurze Strecken sogar die doppelte Geschwindigkeit erreichen.

Kängurus können bis zu drei Meter hoch in die Luft springen!

...

Obwohl es von Art zu Art unterschiedlich ist, leben Kängurus in freier Wildbahn bis zu einem Alter von etwa 12-16 Jahren. In Gefangenschaft können sie über 20 Jahre alt werden.

...

Kängurus haben nicht viele natürliche Feinde. Deshalb gibt es soviele von ihnen.

Nach Australien eingeschleppte Tiere wie Füchse, verwilderte Katzen und Hunde stellen ein Problem für Kängurus dar. Allerdings sind sie gut darin, sich zu wehren, wenn sie angegriffen werden!

• • •

Wie Menschen, Katzen und viele andere Tiere haben auch Kängurus einen Einkammermagen und keinen Wiederkäuermagen mit 4 Kammern.

• • •

Kängurus würgen ihr Futter manchmal hoch und kauen es erneut, bevor sie es endgültig verdauen.

Kängurus sind strenge Herbivoren, das heißt, sie fressen nur Pflanzen.

...

Obwohl alle Kängurus Pflanzenfresser sind, ernähren sich die verschiedenen Arten ganz unterschiedlich.

...

Östliche Graue Riesenkängurus fressen vor allem Gräser, während sich Rote Riesenkängurus vor allem von Sträuchern ernähren. Kleinere Kängurus fressen auch Pilze.

Wegen des heißen Klimas in weiten Teilen Australiens verbringt das Känguru seinen Tag meist schlafend im Schatten der Bäume. Morgens und abends kommen die Tiere raus, um zu fressen und herumzuhüpfen.

• • •

Tiere, die in der Dämmerung auftauchen, nennt man dämmerungsaktiv. Die meisten Känguru-Arten sind nacht- und dämmerungsaktiv.

• • •

Vor allem im Outback, den Wildnisregionen in Australien, haben Kängurus nicht viel Zugang zu Wasser. Stattdessen decken sie einen Großteil ihres Wasserbedarfs über die Pflanzen, die sie fressen.

Kängurus haben ganz besondere Zähne - völlig anders als die meisten Säugetiere. Ihre Schneidezähne können Gras abkauen, das sehr tief am Boden wächst, während ihre Backenzähne ihre Nahrung kauen und zermahlen.

· · ·

Kängurus können nicht rückwärts laufen, weil ihre Schwänze zu schwer sind.

· · ·

Das nationale Emblem Australiens besteht aus einem Emu und einem Känguru, beides Tiere, die nicht rückwärts laufen können. Das symbolisiert, dass sich das Land nur vorwärts bewegt.

Kängurus können nicht pupsen oder rülpsen! Wenn die meisten Säugetiere pupsen und rülpsen, setzen sie das Gas Methan frei. Kängurus wandeln stattdessen einen Großteil des Wasserstoffs aus ihrer fermentierten Nahrung in zusätzliche Energie um.

...

Kängurus sind gute Schwimmer. Wenn sie bedroht werden, rennen sie ins Wasser, um zu entkommen, und benutzen ihre kräftigen Gliedmaßen, um ihren Angreifer zu ertränken.

Für Kängurus ist es ganz normal, zu kämpfen. Sie boxen sich gegenseitig und balancieren sogar auf ihren Schwänzen, um ihren Körper komplett in die Luft zu heben und den Gegner zu treten.

• • •

Es sind vor allem männliche Kängurus, die kämpfen. Sie kämpfen um einen Trinkplatz oder um ein Weibchen, das sie beeindrucken wollen.

• • •

Die meisten Kängurus sind Linkshänder.

DAS ULTIMATIVE KÄNGURUBUCH FÜR KIDS

Männliche Kängurus werden oft auch Bock, Boomer, Jack oder alter Mann genannt, während weibliche Kängurus als Flyers oder Jills bezeichnet werden können.

Känguruschwänze sind unglaublich stark. Sie benutzen ihre Schwänze oft als drittes Bein und können sich damit hoch in die Luft katapultieren. Außerdem benutzen sie ihre Schwänze zum Ausbalancieren.

...

Warum hüpfen Kängurus? Weil sie es müssen! Sie können ihre Hinterbeine nicht unabhängig voneinander bewegen.

...

Kängurus haben keine Schweißdrüsen. Wenn sie sich also abkühlen müssen, lecken sie sich, bis sie klatschnass sind.

AUFZUCHT UND JUNGE KÄNGURUS

Ein junges Känguru wird 'Joey' genannt.

• • •

Kängurus sind nur etwa fünf Wochen (33 Tage) lang trächtig/schwanger.

• • •

Der wissenschaftliche Name für den Känguru-Beutel ist "Marsupium".

Wenn ein Jungtier geboren wird, ist es etwa so groß wie eine Weintraube. Es benutzt seine Unterarme, um sich in den Beutel seiner Mutter zu ziehen, wo es noch ein paar Monate leben wird, bis es vollständig ausgebildet ist.

...

Im Inneren des Beutels befinden sich Zitzen, an denen die Jungen Milch saugen können.

...

Ein weibliches Känguru kann verschiedene Arten von Milch herstellen! Wenn sie mehrere Joeys in unterschiedlichem Alter hat, kann sie den Nährstoffgehalt der Milch, für jedes einzelne Kind variieren.

Joeys benutzen die Beutel ihrer Mutter, bis sie etwa zehn Monate alt sind. Sie stoßen mit dem Kopf gegen den Beutel, wenn sie an die Milch kommen wollen.

...

Joeys fressen nicht nur in ihrem Beutel, sondern sie verrichten dort auch ihr großes und kleines Geschäft! Deshalb müssen ihre Mütter den Beutel regelmäßig auswaschen.

...

Obwohl Kängurus immer nur ein Jungtier zur Welt bringen, können sie schwanger werden, während noch ein Jungtier in ihrem Beutel wächst.

Erstaunlicherweise geht das jüngere Känguru in einen Ruhezustand über ("es friert ein") und wartet darauf, dass sich das ältere Känguru entwickelt und den Beutel verlässt. Danach sendet das Känguru Hormonsignale aus, um das Wachstum des jüngeren Kängurus wieder in Gang zu setzen.

• • •

Weibliche Kängurus sind fast immer schwanger - deshalb gibt es auch so viele von ihnen!

• • •

Weibliche Kängurus können nach 14 Monaten mit der Fortpflanzung beginnen, aber normalerweise bekommen sie ihr erstes Jungtier im Alter von etwa zwei Jahren.

Obwohl Kängurus nicht viele Fressfeinde haben, sind sie dafür bekannt, dass sie ihre Jungen aus dem Beutel fallen lassen und weiterlaufen, wenn sie angegriffen werden.

...

Männliche Kängurus können ihre Muskeln anspannen, genau wie Menschen es tun. Sie tun dies, um die Weibchen zu beeindrucken und Raubtiere zu verscheuchen.

...

Kängurus gebären aufrecht sitzend und in gebückter Haltung. Das Känguru leckt dann das Fell im Inneren seines Beutels ab, um den Weg für das Jungtier zu ebnen, damit es hereinkriechen kann.

DAS ULTIMATIVE KÄNGURUBUCH FÜR KIDS

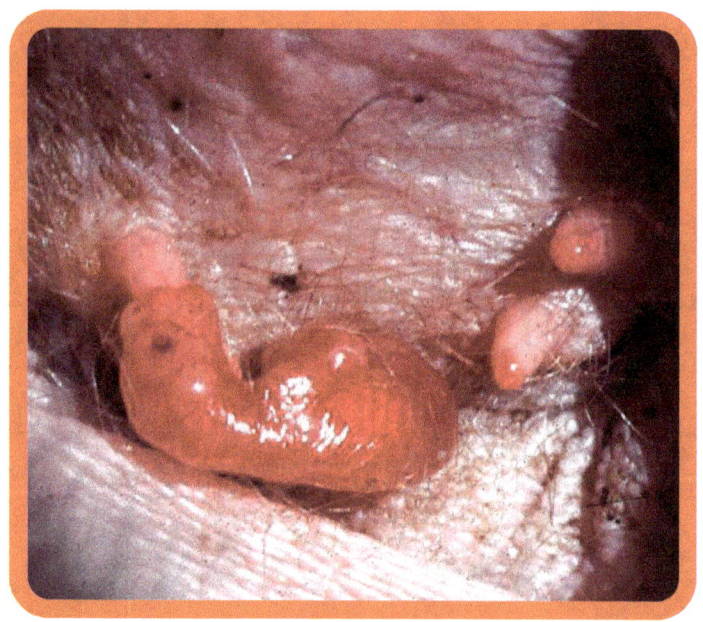

Ein neugeborenes Jungtier im Beutel seiner Mutter.

Bild: Geoff Shaw @ http://kangaroo.genome.org.au

Wenn die Joeys geboren werden, sind sie völlig haarlos und blind.

...

Im Alter von sechs Monaten können Joeys ihre Mütter auf kurzen Spaziergängen begleiten. Im Alter von acht Monaten verbringen sie die meiste Zeit außerhalb des Beutels, obwohl sie für Wärme und Milch - oder eine kostenlose Fahrt - wieder hineingehen können!

Wallabys und Baumkängurus

Bei der Unterscheidung von Kängurus, Wallabys und Baumkängurus kommt es oft zu Verwirrung. Schauen wir uns also die Unterschiede genauer an.

Wallabys

Wallabys sehen aus wie Kängurus, und in vielerlei Hinsicht sind sie sich auch sehr ähnlich. Wallabys sind ebenfalls Teil der Familie der Kängurus (wissenschaftlich Macropodidae), jedoch viel kleiner als die Kängurus, über die wir gesprochen haben.

Es existiert auch ein mittelgroßes Känguru namens Wallaroo.

Wallabys wiegen selten mehr als 20 kg und sind halb so groß wie das Rote Riesenkänguru. Wallabys haben außerdem oft zwei oder drei verschiedene Farben in ihrem Fell - manche Arten sind wirklich sehr bunt.

Wenn du es schaffst, in sein Maul zu schauen, wirst du sehen, dass Wallabys flache Zähne haben, während Kängurus runde Zähne besitzen.

Baumkängurus

Das Baumkänguru gehört auch zu der Känguru-Familie, sieht aber ganz anders aus als das Wallaby oder das Känguru.

Baumkängurus sind dunkelrot gefärbt und leben in den Bäumen. Damit sind sie die Einzigen in der Familie der Kängurus, die so leben. Baumkängurus haben zudem größere Schwänze, die ihnen helfen, das Gleichgewicht zu halten, wenn sie sich in den Bäumen bewegen.

Baumkängurus leben in den tropischen Regenwäldern von Neuguinea und im Nordosten Australiens. Sie gehören zu den bedrohten Arten, was bedeutet, dass ihr Bestand rückläufig ist.

Sie sind ziemlich langsam und ungeschickt. Obwohl sie wie andere Kängurus hüpfen, machen sie dies viel langsamer und unbeholfener.

Es gibt 12 verschiedene Arten von Baumkängurus, die in verschiedenen Gebieten von Neuguinea und Australien leben.

Kängurus und wir

Obwohl Kängurus geschützt sind, ist es in Australien ganz normal, einen Känguru-Burger auf der Speisekarte zu sehen. Das Fleisch ist sehr gesund und enthält viel Eiweiß.

...

Kängurus sind für die australischen Aborigines sehr wichtig - sowohl heute als auch in der Vergangenheit. Sie liefern zum Beispiel Fleisch, und aus ihren Hodensäcken wurden Bälle für das traditionelle Fußballspiel *Marngrook* hergestellt.

Kängurus sind scheu und stellen keine große Bedrohung für Menschen dar. Wenn sie sich jedoch bedroht fühlen, greifen sie an. Rote Riesenkängurus sind die Gefährlichsten.

...

Es gab bisher nur einen offiziellen Fall, in dem ein Mensch durch ein Känguru getötet wurde. Dies geschah im Jahr 1936.

...

Eine Studie aus dem Jahr 2020 ergab, dass Kängurus mit Menschen kommunizieren können. Ähnlich wie Hunde weisen sie mit ihren Augen auf das, was sie wollen.

Im Jahr 2004 erhielt ein Östliches Graues Riesenkänguru den National Animal Valour Award der RSPCA, nachdem es eine Familie auf einen verletzten Bauern aufmerksam gemacht hatte.

• • •

Die australische Ein-Dollar-Münze bildet fünf Kängurus ab.

• • •

Viele Sportmannschaften in Australien haben Kängurus als Teil ihres Namens oder Emblems. Zum Beispiel Australiens Rugby-Liga-Nationalmannschaft (die Kangaroos) und Australiens Rugby-Nationalmannschaft (die Wallabies).

Hast du schon von *Skippy, dem Buschkänguru,* gehört? Viele Kinder auf der ganzen Welt haben diesen beliebten Zeichentrickfilm in den 1960er Jahren gesehen.

...

Traurigerweise sind 9 von 10 Tieren, die auf australischen Straßen getötet werden, Kängurus. Das liegt daran, dass Kängurus vom Glanz der Straßen angezogen werden und dort oft in der Dämmerung sitzen. Deshalb ist es wichtig, zu diesen Zeiten vorsichtig zu fahren.

...

Australier, die in ländlichen Gebieten leben, sind dazu verpflichtet, die Beutel aller weiblichen Kängurus zu untersuchen, die sie verletzt vorfinden.

KÄNGURU-*QUIZ*

Jetzt ist es an der Zeit, dein neues Wissen zu testen! Kannst du alle Fragen über Kängurus beantworten? Die Antworten findest du auf der nächsten Seite.

1   Was sind die vier wichtigsten Känguru-Arten?

2   Wie nennt man eine Gruppe von Kängurus?

3   Australiens Nationalwappen zeigt ein Känguru und welches weitere Tier?

4   Welches ist die größte Känguruart?

5   Wo leben Westliche Graue Riesenkängurus?

6 Kängurus sind Fleischfresser. Richtig oder falsch?

7 Zu welcher Gruppe von Tieren gehört das Känguru?

8 In welchen beiden Ländern findest du wilde Kängurus?

9 Wie lange sind Kängurus schwanger?

10 Kängurus können rückwärts laufen. Richtig oder falsch?

11 Was sind Unterschiede zwischen einem Östlichen und einem Westlichen Grauen Riesenkänguru?

12 Auf welcher australischen Münze sind fünf Kängurus abgebildet?

13 Kängurus sind dämmerungsaktiv. Was bedeutet das?

14 Was ist ein Wallaroo?

15 Wie viele Arten von Baumkängurus gibt es?

16 Kängurus verbringen gerne Zeit allein. Richtig oder falsch?

17 Wann schwimmen Kängurus?

18 Wie viele Zitzen hat ein weibliches Känguru?

19 Wie hoch können Kängurus springen?

20 Sind Kängurus normalerweise Links- oder Rechtshänder?

Antworten

1. Rotes Riesenkänguru, Antilopenkänguru, Östliches Graues und Westliches Graues Riesenkänguru.
2. Ein Mob oder eine Bande.
3. Ein Emu.
4. Rotes Riesenkänguru.
5. Im Süden Australiens.
6. Falsch
7. Zu den Beuteltieren.
8. Australien und Neuguinea.
9. Etwa 5 Wochen (33 Tage).
10. Falsch
11. Östliche Graue Riesenkängurus haben blassere Gesichter und eine schwarze Spitze am Schwanzende.
12. Ein-Dollar-Münze.
13. Sie sind in der Dämmerung am aktivsten.
14. Ein mittelgroßes Beuteltier, das von der Größe zwischen einem Känguru und einem Wallaby liegt.
15. 12.
16. Falsch
17. Wenn sie in Gefahr sind.
18. Vier.
19. Drei Meter.
20. Linkshänder.

Känguru WORTSUCHE

```
D Q W D M M N B H D S A
S R K N Z O Z P Ü D A Ä
A E A Ä G F B S P F U A
W B T Q N Ü R V F D S N
F A R Ü S G C B E Q T T
D C L B V C U R N W R I
S X B L X Ä Q R Z D A L
V Ä V Z A U Y E U S L O
C T C Z W B B F M Ü I P
Ü R J O E Y Y D N B E E
O U T B A C K Ä B V N N
B B E U T E L T I E R S
```

Kannst du alle Wörter im Wortsuche Rätsel links finden?

KÄNGURU	WALLABY	HÜPFEN
JOEY	MOB	BEUTELTIER
AUSTRALIEN	OUTBACK	ANTILOPEN

LÖSUNG

				M			H			
			K		O		Ü		A	
			Ä			B		P	U	A
W				N				F	S	N
	A				G			E	T	T
			L			U		N	R	I
			L				R		A	L
				A			U		L	O
					B				I	P
			J	O	E	Y	Y		E	E
O	U	T	B	A	C	K			N	N
	B	E	U	T	E	L	T	I	E	R

QUELLEN

"Kangaroo". 2014. Kids. https://kids.nationalgeographic.com/animals/mammals/kangaroo

"10 Incredible Facts About Kangaroos". 2021. Treehugger. https://www.treehugger.com/kangaroo-facts-5081686.

"Kangaroos use tail like a leg to walk". Australian Geographic. 2 July 2014. Retrieved 18 November 2014.

"15 Fun Facts About Kangaroos | The Fact Site". 2020. The Fact Site. https://www.thefactsite.com/kangaroo-facts/.

"Kangaroo". Parks Victoria. Archived from the original on 8 February 2011. Retrieved 2 February 2021.

Duran, Paulina. 2021. "Kangaroos Can Learn To Communicate With Humans, Researchers Say". U.S.. https://www.reuters.com/article/us-australia-wildlife-kangaroo-idUSKBN28Q0I9.

"Kangaroos: Facts, Information & Pictures | Live Science". 2021. Livescience.Com. https://www.livescience.com/27400-kangaroos.html.

"Red Kangaroo" National Geographic. https://www.nationalgeographic.com/animals/mammals/r/red-kangaroo/ . Accessed 4 Feb 2021.

"Eastern Gray Kangaroo | National Geographic". 2010. Animals. https://www.nationalgeographic.com/animals/mammals/e/eastern-gray-kangaroo/.

Riedman, Marianne L. (1982). "The Evolution of Alloparental Care in Mammals and Birds". The Quarterly Review of Biology. 57 (4): 405–435. doi:10.1086/412936. JSTOR 2826887.

"Eastern Grey Kangaroo". 2021. En.Wikipedia.Org. https://en.wikipedia.org/wiki/Eastern_grey_kangaroo.

"Macropod Reproduction (Kangaroo And Wallaby) | About The Roos | Kangaroo Creek Farm". 2021. Kangaroocreekfarm.Com. https://kangaroocreekfarm.com/about-roos/

"Libguides: Western Gray Kangaroo (Macropus Fuliginosus) Fact Sheet: Reproduction & Development". 2021. Ielc.Libguides.Com. https://ielc.libguides.com/sdzg/factsheets/westerngraykangaroo/reproduction.

"What Is The Difference Between A Kangaroo And A Wallaby?". 2021. Kangaroo Island Tours. https://kangarooislandtoursaustralia.com.au/blog/what-is-the-difference-between-a-kangaroo-and-a-wallaby

Wir hoffen du hast ein paar spannende Fakten über Kängurus gelernt!

Welcher war dein Favorit? Wir würden das gerne von dir in einer Bewertung erfahren.

Besuche uns auf www.bellanovabooks.com/books/deutsch für noch mehr großartige Bücher.

AUCH VON JENNY KELLETT

...und mehr!

www.ingramcontent.com/pod-product-compliance
Lightning Source LLC
LaVergne TN
LVHW020135080526
838202LV00047B/3943